Arist von Schlippe | Björn von Schlippe

PARADOXER ALLTAG

Ganz normale Verrücktheiten

KLETT-COTTA

Klett-Cotta
www.klett-cotta.de

Printed in Germany
Umschlag: Klett-Cotta Design
Gedruckt und gebunden von der Firmengruppe APPL, aprinta druck, Wemding
ISBN 978-3-608-94774-8

Bibliografische Information der Deutschen Nationalbibliothek
Die Deutsche Nationalbibliothek verzeichnet diese Publikation in der
Deutschen Nationalbibliografie; detaillierte bibliografische Daten
sind im Internet über ‹http://dnb.d-nb.de› abrufbar.

»Das ist kein Vorwort«

Arist v. Schlippe

Im Sommer des letzten Jahres saß ich in einer sehr anstrengenden Arbeitsphase erschöpft mit einer Kollegin zusammen, die mir eindringlich sagte, ich müsse nun aber endlich lernen, »Nein« zu sagen. Ich blickte sie an, nickte und stimmte ihr zu: »Ja, da hast du recht!« Zugleich fing ich an zu lachen, denn ich hatte ja schon wieder nicht »Nein« gesagt. Aber wäre es eine Option gewesen, ihr zu sagen: »Nein, ich denke nicht daran«? Natürlich nicht! Mit ihrer Aufforderung hatte die Kollegin eine freundliche, aber durchaus paradoxe Situation geschaffen, über die wir gemeinsam lachen konnten. Dieses Buch ist voll von solchen Paradoxien, in denen Menschen sich verfangen können. Nicht immer lösen sie sich so einfach in Gelächter auf. Menschen können jahrelang darunter leiden, dass ihr Liebster, ihre Liebste ihnen die eigene Liebe immer nur auf Aufforderung versichert und nicht »freiwillig«; und der Vater, der seinem Kind eine Ohrfeige gibt, weil es doch wissen müsse, dass man Schwächere nicht schlagen dürfe, wird sich vielleicht auf lange Zeit hin wundern, warum sein trotziges Kind sich so verhält, wie er es ihm doch gerade nicht beibringen wollte.

Seit Jahrhunderten, vielleicht seit Jahrtausenden, spätestens seit Epimenides von Kreta, der behauptete, alle Kreter lügen, befassen sich Menschen mit Paradoxien. Vor manchen erschraken sie, weil sie an den Grundfesten von dem rüttelten, was die Welt als sicher und stabil beschrieb – wie etwa vor der Frage, ob Gott in der Lage sei, einen Stein zu erschaffen, der so groß sei, dass er ihn selbst nicht aufheben könne. Aber auch in der Gegenwart begegnen wir überall Paradoxien: Ich erinnere mich an die Zeitungsnotiz, nach der ein Soldat zu drei Tagen verschärftem Arrest verurteilt wurde, weil er behauptet hatte, in der Bundeswehr gebe es keine Meinungsfreiheit.

Während das Denken der Antike noch die Wirklichkeit selbst für die Paradoxien verantwortlich machte, sehen wir sie heute eher als Phänomene, deren Reiz darin besteht, dass Perspektiven oder Bezugssysteme kollidieren. Besonders prägnant wird dies in den Bildern von Künstlern des 20. und 21. Jahrhunderts deutlich, die sich vielfach mit der Frage beschäftigt haben, wie die Art unserer Wahrnehmung dazu beiträgt, dass wir die Welt so erfahren, wie wir dies tun. In der Welt selbst gibt es keine Paradoxien und ein Bild ist ein Bild. Doch wenn man eine Pfeife malt und darunter den Satz schreibt: »Dies ist keine Pfeife!«, wie René Magritte, dann beginnt der Betrachter nachzudenken: Ist das nicht eine Pfeife? Ja, es ist doch eine Pfeife! Und nein, es ist ja nur das Gemälde einer Pfeife! Es ist eine Pfeife und es ist keine Pfeife, der Satz ist wahr und unwahr zugleich, je nachdem, in welchem Bezugssystem wir uns gerade bewegen.

In ähnliche Verwirrung kann man geraten, wenn man Bilder betrachtet, auf denen, wie dies etwa M.C. Escher gern machte, der dreidimensionale Raum auf besondere Weise »beschrieben« wird, nämlich, indem er auf eine zweidimensionale Fläche reduziert wird. Ein Bach scheint in sich selbst hineinzufließen, Figuren gehen zugleich treppauf und treppab. Die offenkundig unmögliche Form, in der die Wirklichkeit dargestellt wird, bringt uns in einen Zustand von Verwirrung, Irritation. Paradoxie ist definiert als die Gleichzeitigkeit von einander ausschließenden Beschreibungen und in guter aristotelischer Logik kann es nur das eine oder das andere geben: Die Treppe geht aufwärts oder abwärts, die Pfeife ist eine Pfeife oder nicht, aber nicht beides.

Paradoxien sind ohne Beschreibungen, ohne Sprache nicht denkbar. Sie hängen mit den Gesetzen zusammen, wie Menschen denken, wie sie Sinn konstruieren. Sie liegen in der Verführung der Sprache, die Welt sei so, wie wir sie beschreiben. Sie verweisen darauf, dass unsere Sinn erzeugenden Aktivitäten Wirklichkeit nicht einfach abbilden, sondern sie mit erzeugen – und dass dieser Erzeugungsprozess fragil ist, sozusagen »Bruchkanten« aufzeigt, weil nicht immer klar ist, ob die Sprache sich auf Sachverhalte bezieht oder auf sich selbst.

Die Art, wie wir miteinander sprechen, bringt manchmal kuriose Dinge hervor. Jeder, der sich schon einmal gequält beim Fotografen bemüht hat, »ganz natürlich« zu sein (»Ja, so ist es schon ganz gut, vielleicht noch ein wenig natürlicher!«), oder der seinem Partner, seiner Partnerin einen Blumenstrauß mitgebracht hat, nachdem er am Vortag die Klage hörte: »Nie bringst du mir Blumen mit!«, weiß, wie unmöglich es ist, eine Klasse von Aufforderungen zu befolgen, bei denen der eine vom anderen eigentlich etwas Doppeltes wünscht, nämlich das gewünschte Verhalten zu zeigen und zugleich die Freiwilligkeit dieses Verhaltens deutlich zu machen.

Seit Jahren habe ich solche Gelegenheiten gesammelt und seit einiger Zeit setzt mein Bruder Björn, ein brillanter Zeichner und Cartoonist, sie in Szene. Wir arbeiten intensiv und mit großem Vergnügen zusammen und haben dafür sogar ein gemeinsames Signet entwickelt: »Kartist«. Entstanden ist es aus einem Wortspiel zwischen den Worten »Kartonist« und »Arist«. Das erste Wort stammt von der Freude Björns, ganz besondere und eindrückliche Kartoncollagen herzustellen (man kann Beispiele für den von ihm erfundenen »Kartonismus« unter www.kartonismus.de bewundern), das zweite steht für den Vornamen seines »großen Bruders« und Partners. Viele der Inspirationen für die Cartoons entstammen eigenen Erfahrungen, etwa aus Streitgesprächen innerhalb meiner Familie, die plötzlich von Gelächter über die Absurdität der Situation unterbrochen wurden u.v.a.m. Manchmal sind auch schlicht Lieblingswitze dabei, die uns besonders gut gefallen haben – nicht immer erfüllen sie genau genommen die Anforderung an eine Paradoxie, manchmal sollen sie einfach nur zum Schmunzeln anregen, »ganz normale Ver-rücktheiten« eben. Unser wesentliches Anliegen ist es, einen Einblick in die Kuriositäten zu geben, zu denen uns die Art, wie wir mit Sprache umgehen, verführt. Die von meinem Bruder und mir gemeinsam überlegten und erstellten Zeichnungen sind in der Rubrik »Spiegel-Ei« in der Zeitschrift »Familiendynamik« inzwischen zu einer Institution geworden. Ich danke dem Verlag Klett-Cotta und besonders Herrn Thomas Kleffner dafür, dass es möglich wurde, diese Sammlung jetzt auch in Buchform zu veröffentlichen.

Arist v. Schlippe

Inhalt

Du musst endlich mal 'nein' sagen lernen!
Ja, da hast du recht!
KARTIST

Du musst endlich mal 'nein' sagen lernen!
Nein, ich denke nicht dran!
KARTIST

Immer wertest du mich ab!
Wie kommst du denn auf den Blödsinn? Du hast doch gar keine Ahnung, was eine Abwertung ist!
KARTIST

Ich habe die Schnauze voll von dieser ständigen Abhängigkeit von dir! Ich lasse mich scheiden!
Besorg mir einen Anwalt – sofort!

Hast du ein schlechtes Gewissen oder willst du bloß mit mir schlafen?

Du sollst mir Blumen mitbringen, weil du mich liebst und nicht weil ich es mir wünsche!

Also ich schlage vor, dass wir jetzt endlich mal beginnen lösungsorientiert zu diskutieren! Du mit deiner unglaublich negativen Art, mit saudummen Argumenten alles runterzumachen, was ich sage, bist jedenfalls meilenweit davon entfernt!

Wir haben uns das aufgeteilt. Er macht immer alles falsch, ich mache immer alles richtig!

Eh, das hat jetzt aber nicht zufällig damit zu tun, dass sie dir die Wohnung gekündigt haben???
KARTIST

Du denkst immer nur an das Eine!

Du doch auch!

Sei doch endlich mal spontan, ohne dass ich dich dazu antreiben muss!

Ist das nicht komisch? Ich habe einen sitzen und gleichzeitig einen stehen!

Lass uns endlich mit diesem Wahnsinn aufören Schatz!
Fängst du schon wieder an?!
KARTIST

Du hast doch gesagt, ich soll Gefühle zeigen!
wütend
sauer
fröhlich
genervt
lustlos
KARTIST

Wie kannst du mir das antun?
KARTIST
Das ist mal wieder typisch für dich! Immer denkst du als Erstes an dich selbst!

Immer machst du mir ein schlechtes Gewissen!
Nein, das hast du mir doch schon lange ausgetrieben!
KARTIST

Wenn du so vergesslich bist, kauf dir mal ein Buch über Gedächtnistraining!
KARTIST
Habe ich schon längst! Weiß nur nicht mehr, wem ich es geliehen habe!

Schau mal, wie schön das Goethedenkmal durch die Bäume schillert!

Gegensätze ziehen sich an

Schatz! Der muss ja ein Vermögen gekostet haben! Woher hattest du Geld für soviel Gold?
KARTIST

Sag mal, gibt es in deinem Leben noch eine andere Frau?
Nein, Schatz, du bist die Einzige!

Schade, ich könnte jetzt etwas Hilfe gebrauchen.
KARTIST

Warum stehen Sie denn dort?

Meine Frau hat gesagt, ich soll mich hier anstellen!

Ich liebe Männer mit Humor!

Dann wird ihnen mein Mann gefallen! Er ist eine echte Witzfigur!

Wann hatten sie das letzte Mal Sex?
PAAR THERAPIE
KARTIST
Ich gestern. Und du?

Merkst du eigentlich gar nicht, dass du auf jeden Satz mit 'nein' antwortest?
Nein!
KARTIST

Seid ihr bereit, Freud und Leid miteinander zu teilen?
Ja!
OK, ich nehm Freud!
KARTIST

Du hattest mir doch versprochen, endlich mit dem Rauchen aufzuhören!
KARTIST
Aber nur, wenn ich es aus freien Willen mache... nun geht es also nicht mehr!!!

KARTIST
Was halten Sie von mir?
Wenn ich die Wahrheit sagen würde, müsste ich lügen!

Nein, nicht schon wieder eine Überraschung! Ich will mal was anderes!

Oh, ihr habt Zwillinge bekommen,
das ist ja eine ziemliche Aufgabe!
Dipl.-Psych.
KARTIST
Naja, wir haben entschieden, dass wir einen in die Experimen-
talgruppe stecken, den anderen in die Kontrollgruppe!

Wie oft habe ich dir gesagt, dass du keine Schwächeren schlagen sollst!

... und wo sind die Hauptgeschenke?
KARTIST

Jipiii!!!
Hör auf, das tut weh!
KARTIST

Opa, wenn du so weitermachst, kannst du gleich alleine Pferd spielen!

Bitte, ich möchte einmal unartig sein!!! Bitte!!!
KARTIST
Na gut, aber nur einmal!

Arschloch!

Du weißt genau, dass ich dieses beschissene Wort in unserem Haus nicht hören will!

Wir ziehen am selben Strang und das Kind steht bei uns im Mittelpunkt!

Was ist passiert? Selbst schuld, was muss sie auch mein Tagebuch lesen!

Oh Michael, World of Warcraft, die Vollversion.
Das habe ich mir immer gewünscht!

Das stimmt gar nicht, Mama, dass du an allem schuld bist. An einigen ist auch Papa schuld!

Kann ich die Klamotten umtauschen, wenn sie meinen Eltern gefallen?

Mama, ich will Freiheit!
Na gut mein Junge, nimm sie dir!
KARTIST

Glaub mir, mein Sohn, es schmerzt mich mehr als dich!

Wir suchen Querdenker, sind Sie einer?

Wenn Sie es möchten, gern!

Gar nicht so leicht, einen Nachfolger großzuziehen!

Was du immer redest! Natürlich sollst du du selbst sein!
Du sollst nur alles genauso machen wie ich, ist das zu viel verlangt?

So geht das nicht weiter mit dir! Du übernimmst ab jetzt eine Führungsrolle bei uns im Betrieb! Ist das klar?
KARTIST
Jaaa Papa!

Sie sollen behauptet haben, in unserer Firma gebe es keine Meinungsfreiheit!
Dafür spreche ich ihnen eine Abmahnung aus!

Lieber Klaus, leider muss ich dich betriebsbedingt entlassen. Aber ich will doch betonen, dass die Entscheidung keinerlei Einfluss auf unsere Ehe haben wird!

Nein, Müller, Sie werden diesen Auftrag nicht einfach übernehmen, Sie werden ihn gern und freiwillig übernehmen!
Habe ich mich klar genug ausgedrückt?

Ich kann viel Zeit sparen, wenn ich sie nicht mit Entspannung verplempere!

Hör' endlich auf, ständig hinter mir herzulaufen, und verhalte dich wie ein richtiger Nachfolger!

Können Sie mir bitte helfen?!
Schwesternzimmer
Sie sehen doch, ich habe keine Zeit! Ich bin grade dabei unseren Qualitäts-managementfragebogen auszufüllen!
KARTIST

Wie nennen sie es, wenn sie mit Gott sprechen?
Gebet!
und wenn Gott mit Ihnen spricht?
Psychose!
therapeut
KARTIST

Ich glaub' meine Therapie macht Fortschritte: Gestern hat mein Psychotherapeut mir das ES angeboten!

Mein Therapeut sagt, dass ihm gar nicht aufgefallen ist, dass wir beiden in einer totalen Konkurrenz zueinander stehen!

Ach wie interessant, meinem Therapeuten ist das sofort aufgefallen!

Guck mal, ich sehe aus wie ein Schwein!
KARTIST
Ja! Und jetzt hast du dich auch noch bekleckert!

Also eins ist klar: An Durchschnittlichkeit bin ich dir jedenfalls haushoch überlegen!

Nein, gute Vorsätze kommen für mich nicht mehr in Frage – das habe ich mir fest vorgenommen!

Das könnte so schön hier sein, wenn die scheiß Touris nicht wären!

Kaufen Sie ein Los, mein Herr!
Was kann man denn gewinnen?
KARTIST
Ein Auto!
Aber ich will kein Auto!
Keine Angst, die meisten Lose sind Nieten!

Immer wieder bin ich der Beste im Meditieren!

Egal! Fahren Sie mich irgendwohin,
Hauptsache Sie überholen die anderen!

Sag mal, wir sind ganz schön in Konkurrenz miteinander, nicht wahr?

Ja, allerdings ist mein Konkurrenzgefühl wesentlich reflektierter als deins!

Ich hasse diese scheiß-aggressiven Autofahrer!!!

Ich habe mir vorgenommen, alle meine Freunde zu fragen, was sie von mir halten.
Also: Was hältst du von mir?

Keine Ahnung, vielleicht fragst du mal deine Freunde?!

... und ich sage ihr noch, sie soll die Diät nicht übertreiben!

Am 21.12. soll ja laut der Mayas die Welt untergehen!

Das kann ich mir nicht vorstellen! Nicht drei Tage vor Weihnachten!!!

Meine Demut ist mein ganzer Stolz!

Die Wunder des kleinen Jesus –
neulich am Brunnen:

Nein, du bekommst kein Wasser!
Beim letzten Mal war danach wieder das
ganze Dorf betrunken!

Du, einer von uns dreien muss verrückt sein!

Was guckst du so deprimiert? Du bist doch total erfolgreich!

Ja, ich habe mir aber vorgenommen, einmal zu versagen. Und ich schaff's nicht, ich schaff's nicht!

KARTIST
Ich wollte, ich wäre ein Vogel, dann könnte ich auch durch die Lüfte fliegen!
Ich wollte, ich wäre zwei Vögel, dann könnte ich sogar noch hinter mir herfliegen!
Ich wäre noch lieber drei Vögel, dann könnte ich hinter mir herfliegen und mir sogar dabei noch zuschauen!

Ich glaube nicht daran!

KARTIST
Aber das ist ein besonderes Hufeisen, das funktioniert auch, wenn man nicht daran glaubt!

Komm, wir beißen gemeinsam ins Gras!

Also, in Englisch bin ich mit meinem Latein am Ende!

Von dir lass ich mir gar nichts befehlen!

KARTIST
ICH BIN NICHT CHOLERISCH!

Tschuldigung, könnte ich vielleicht lieber die mit dem Krebs haben?!

Die trinken Wasser!!
Wie die Tiere!
KARTIST

Mama! Ich weiß, dass ich nichts weiß!
KARTIST
Wo hast du denn den Blödsinn wieder aufgeschnappt?

Mama! Ich weiß, dass ich nichts weiß!
KARTIST
Gar nichts weißt du!

Mama! Ich weiß, dass ich nichts weiß!
Wie klug du bist, mein Junge!
KARTIST

Mama! Ich weiß, dass ich nichts weiß!

Oh, woher weißt du das denn?

Jetzt kommst du dir wohl besonders schlau vor, was?

Über die Autoren

Arist v. Schlippe

Jg. 1951, verheiratet, drei Kinder. Diplom-Psychologe, seit 2005 als Universitäts-Professor für Führung und Dynamik von Familienunternehmen an der Universität Witten/Herdecke tätig. Lehrtherapeut und lehrender Supervisor für systemische Therapie am IF-Weinheim. Mitherausgeber der Fachzeitschrift »Familiendynamik« (Klett-Cotta). Autor zahlreicher Bücher und Veröffentlichungen zur systemischen Praxis und zu Familienunternehmen.

www.uni-wh.de/wifu

Björn v. Schlippe

Jg. 1966, verheiratet, drei Kinder. Freier Illustrator, Kartonkünstler und Cartoonist. Viele Jahre Dozent für Storyboard an der Bildkunst Akademie Hamburg. Er zeichnet regelmäßig Cartoons u. a. für die Financial Times Deutschland, die »Familiendynamik« und die »Konfliktdynamik«. Sein Name steht für den »Kartonismus«, eine besondere Stilrichtung für plastische Werke aus Karton.

www.kartonismus.com